Merci à Constance
Josette Grandazzi et Joëlle Leblond

© Editions de la Réunion des musées nationaux, Paris 2000
49, rue Etienne - Marcel, 75001 Paris

© ADAGP 2000
© Succession Picasso, 2000
© Succession Matisse, 2000
ISBN : 2 - 7118 - 4022 - 0
JA 10 4022

Caroline Desnoëttes

à Sophie et Louis

Philip, Ronan, Solenn

Réunion
des Musées
Nationaux

Le *C*ontraire présente
la plus grande différence possible
entre deux choses du même genre.

Ce signe symbolise la différence : ≠

« *Dire que l'homme
est un composé de force et de faiblesse,
de lumière et d'aveuglement,
de petitesse et de grandeur.
Ce n'est pas lui faire son procès,
c'est le définir.* »

Denis Diderot (1713-1784)

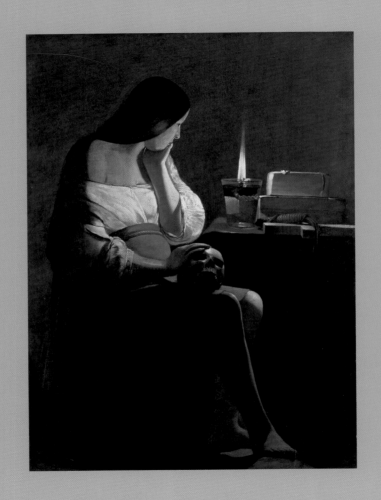

Allumée

▲ **Georges de la Tour (1593-1652)**
La Madeleine à la veilleuse
Huile sur toile, 128 cm x 94 cm
Paris, musée du Louvre

7

Éteinte

▲ **Samuel van Hoogstraten (1626-1678)**
Les Pantoufles
Huile sur toile, 103 cm x 70 cm
Paris, musée du Louvre

Seul

≠

▲ **Jean-Baptiste Camille Corot (1796-1875)**
Tivoli. Les jardins de la villa d'Este
Huile sur toile, 43 cm x 60 cm
Paris, musée du Louvre

11

Nombreux

≠

▲ **Auguste Renoir (1841-1919)**
Bal du moulin de la Galette, 1876
Huile sur toile, 131 cm x 175 cm
Paris, musée d'Orsay

13

Vide

▲ **Hortense Haudebourt-Lescot (1784-1845)**
Lise Aubin de Fougerais
Huile sur toile, 40,5 cm x 32 cm
Paris, musée d'Orsay

Plein

▲ **Paul Cézanne (1839-1906)**
Nature morte à la soupière, vers 1877
Huile sur toile, 65 cm x 81,5 cm
Paris, musée d'Orsay

17

Jeune

▲ **Pablo Picasso (1881-1973)**
Famille au bord de la mer, 1922
Huile sur bois, 17,6 cm x 20,2 cm
Paris, musée Picasso

19

Vieux

▲ **Édouard Vuillard (1868-1940)**
Portrait de Ker Xavier Roussel, 1930-35
Peinture à la colle sur toile, 126,5 cm x 115 cm
Paris, musée d'Art moderne

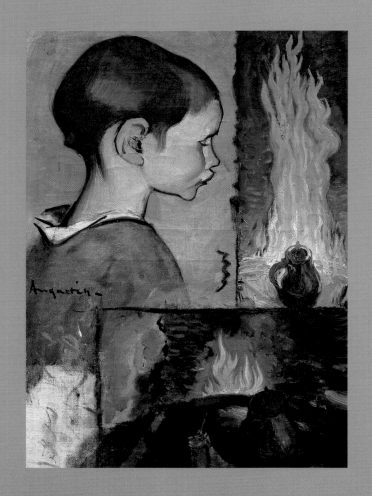

Chaud

▲ **Louis Anquetin (1861-1932)**
Profil d'enfant et étude de nature morte
Huile sur toile, 59 cm x 41 cm
Paris, musée d'Orsay

Froid

▲ **Francesco Foschi (?-1805 ?)**
Paysage de neige avec rochers et voyageurs, 1750
Huile sur toile, 48 cm x 74 cm
Grenoble, musée des Beaux-Arts

Assis

▲ **Antonio Canaletto (1697-1768)**
Le Môle, vu du bassin de San Marco
Huile sur toile, 47 cm x 81 cm
Paris, musée du Louvre

Debout

▲ **Charles Angrand (1854-1926)**
Vue intérieur du musée de Rouen en 1880
Huile sur toile, 114 cm x 154 cm
Rouen, musée des Beaux-Arts

Le Jour

▲ **Henri-Edmond Cross (1856-1910)**
L'Air du soir, 1893-94
Huile sur toile, 116 cm x 165 cm
Paris, musée d'Orsay

31

La Nuit

▲ **Vincent van Gogh (1853-1890)**
La Nuit étoilée, Arles, 1888
Huile sur toile, 72,5 cm x 92 cm
Paris, musée d'Orsay

Sous

▲ **Claude Monet (1840-1926)**
Essai de figure en plein air : femme à l'ombrelle tournée vers la gauche, 1886
Huile sur toile, 131 cm x 88 cm
Paris, musée d'Orsay

35

Sur

▲ **Edgar Degas (1834-1917)**
Chevaux de course devant les tribunes, vers 1866-68
Papier sur toile, 46 cm x 61 cm
Paris, musée d'Orsay

Intérieur

▲ **Félix Vallotton (1865-1925)**
Intérieur, femme en bleu fouillant dans une armoire, 1903
Huile sur toile, 81 cm x 46 cm
Paris, musée d'Orsay

Extérieur

▲ **Henri Matisse (1869-1954)**
La Femme à la mandoline, vers 1922
Huile sur toile, 47 cm x 40 cm
Paris, musée de l'Orangerie

41

Petit

▲ **Carolus-Duran (1838-1917)**
Portrait de Madame Ernest Feydeau dit la Dame au chien, 1870
Huile sur toile, 230 cm x 164 cm
Lille, musée des Beaux-Arts

Grand

▲ **Christophe Huet (?-1759)**
Chien chassant
Huile sur toile, 65 cm x 80 cm
Paris, musée du Louvre

De *Face*

▲ **Fernand Léger (1881-1955)**
Les Loisirs sur fond rouge, 1949
Huile sur toile, 113 cm x 146 cm
Biot, musée Fernand Léger

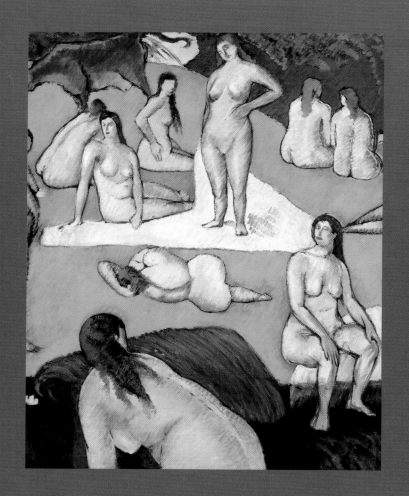

De **D**os

▲ **Émile Bernard (1868-1941)**
Baigneuses à la vache rouge, 1887
Huile sur toile, 92,7 cm x 72,4cm
Paris, musée d'Orsay

Loin

▲ **Jean-Charles-Joseph Remond (1795-1875)**
Ulysse et Nausicaa, 1830
Huile sur toile, 171 cm x 200 cm
Nantes, musée des Beaux-Arts

Près

▲ **Pierre Roy (1880-1950)**
Une Journée à la campagne, 1931
Huile sur toile, 33 cm x 55 cm
Paris, musée national d'art moderne, centre Georges-Pompidou

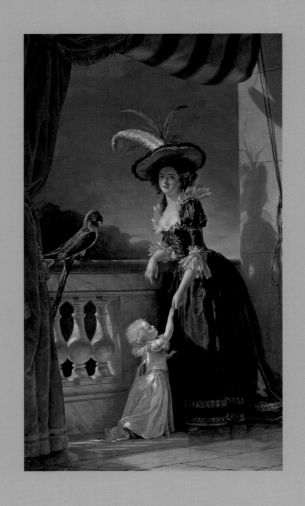

Habillé

▲ **Adélaïde Labille-Guirard (1749-1803)**
Louise-Elisabeth de France, 1788
Huile sur toile, 160 cm x 270 cm
Versailles, musée national des châteaux et de Trianon

Nu

▲ **Pierre de Cortone (1596-1669)**
Romulus et Remus recueillis par Faustalus, 1643
Huile sur toile, 251 cm x 266 cm
Paris, musée du Louvre

Le Soleil

▲ **Ferdinand du Puigaudeau (1864-1930)**
Paysage à la chaumière, 1921
Huile sur toile, 81,5 cm x 60,5 cm
Quimper, musée des Beaux-Arts

La *P*luie

▲ **Paul Sérusier (1864-1927)**
L'Averse, 1893
Huile sur toile, 73,5 cm x 60 cm
Paris, musée d'Orsay

61

Gai

▲ **Maurice Denis (1870-1943)**
Plage au bonnet rouge, 1909
Huile sur toile, 95 cm x 125 cm
Saint-Germain-en-Laye, musée départemental Maurice Denis "Le Prieuré"

Triste

▲ **Édouard Cibot (1799-1877)**
Anne de Boleyn à la Tour de Londres dans les premiers moments de son arrestation, 1835
Huile sur toile, 162,5 cm x 129,4 cm
Autun, musée Rolin

En *L'air*

▲ **Eugène Boudin (1824-1898)**
La Plage de Deauville
Huile sur toile, 49 cm x 74 cm
Caen, musée des Beaux-Arts

Par *Terre*

▲ **Frédéric Bazille (1841-1870)**
Réunion de famille, 1867
Huile sur toile, 152 cm x 230 cm
Paris, musée d'Orsay

Court

Louis Janmot (1814-1892)
Le Printemps, 1854
Huile sur toile, 113,4 cm x 143,5 cm
Lyon, musée des Beaux-Arts

71

Long

▲ **Pierre Puvis de Chavannes (1824-1898)**
Jeunes filles au bord de la mer
Huile sur toile, 20,5 cm x 15,4 cm
Paris, musée d'Orsay

Ouvert

▲ **Édouard Manet (1832-1883)**
Émile Zola écrivain, 1868
Huile sur toile, 146,5 cm x 114 cm
Paris, musée d'Orsay

Fermé

▲ **Ernest Meissonier (1815-1891)**
Un Poète
Huile sur toile, 22 cm x 16 cm
Paris, musée d'Orsay

77

Crédits photographiques

Autun, musée Rolin, photographe S. Prost, *p. 65*

Caen, musée des Beaux-Arts, photographe M. Seyve, *p. 67*

Grenoble, musée des Beaux-Arts, *p. 25*

Nantes, musée des Beaux-Arts, photographe H. Maertens, *p. 51*

Paris, centre national d'Art et de Culture Georges Pompidou, *p. 53*

Paris, musée d'Art moderne, *p. 21*

Paris, Réunion des musée nationaux,
G. Blot, *p. 7, p. 9, p. 47,* G. Blot et C. Jean, *p. 73,*
D. Arnaudet, *p. 27, p. 55, p. 57,* P. Bernard, *p. 43,* J. G. Berizzi, *p. 13,*
M. El Garby, *p. 39,* Lagiewski, *p. 23,*
H. Lewandowski, *p. 11, p. 17, p. 25, p. 33, p. 37, p. 45, p. 49, p. 61, p. 69, p. 75,*
R.G. Ojeda, *p. 35, p. 71, p. 77,* F. Raux, *p. 15,* J. Schormans, *p. 31*

Quimper, musée des Beaux-Arts, *p. 59*

Rouen, musée des Beaux-Arts, photographes D. Tragin, C. Lancien, *p. 29*

Saint-Germain-en-Laye, musée département Maurice Denis, *p. 63*

Couverture :
Pierre Roy
Une journée à la campagne (détail)
Paris, musée national d'art moderne,
centre Georges Pompidou

Publication
du département de l'édition dirigé
par Béatrice Foulon

Coordination éditoriale
Josette Grandazzi

Fabrication Jacques Venelli

Documentation photographique
Ph. Couton, F. Kartouby, C. de Lambertye

Conception graphique et maquette
Joëlle Leblond

Les textes ont été composés en Baskerville

Les illustrations ont été gravées
par Graphic Service, Milan

Cet ouvrage a été achevé d'imprimer
sur les presses de l'imprimerie Blanchard,
Le Plessis-Robinson

Dépôt légal : mars 2000
ISBN : 2 - 7118 - 4022 - 0
JA 10 4022